1

2

3

Muster jeweils von links nach rechts übertragen.

Wahrnehmung räumlicher Beziehungen

Muster übertragen

1
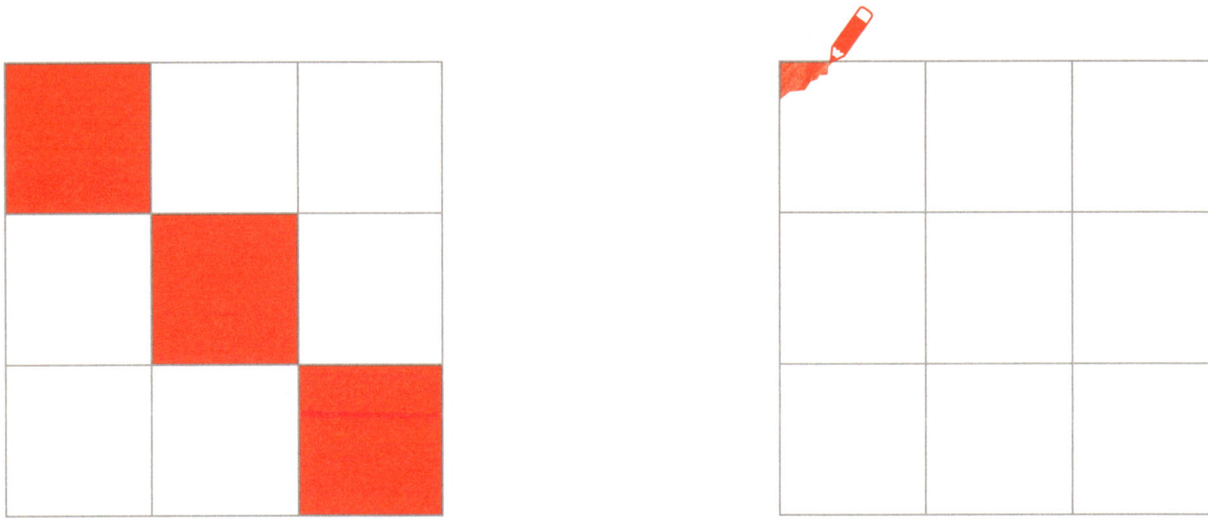

2
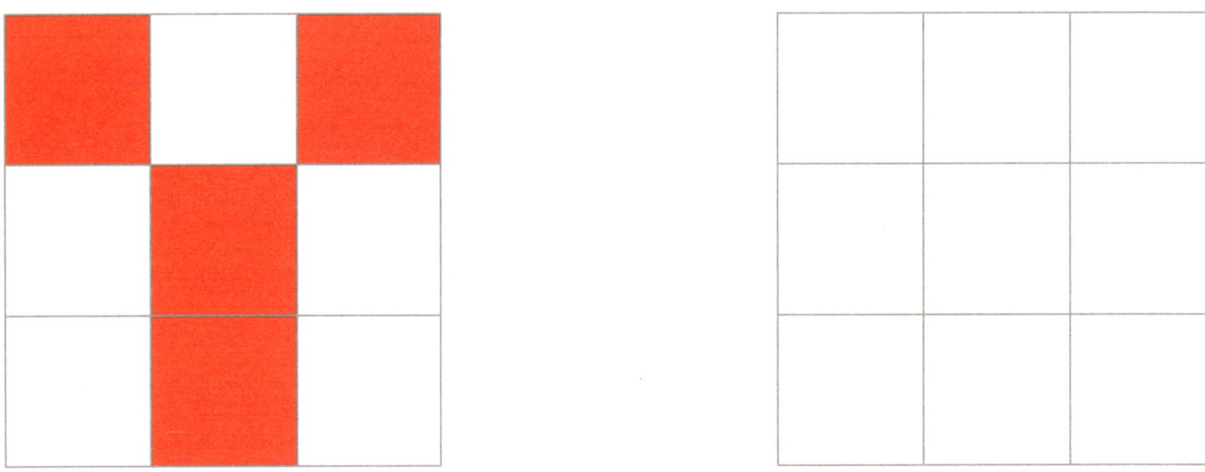

3
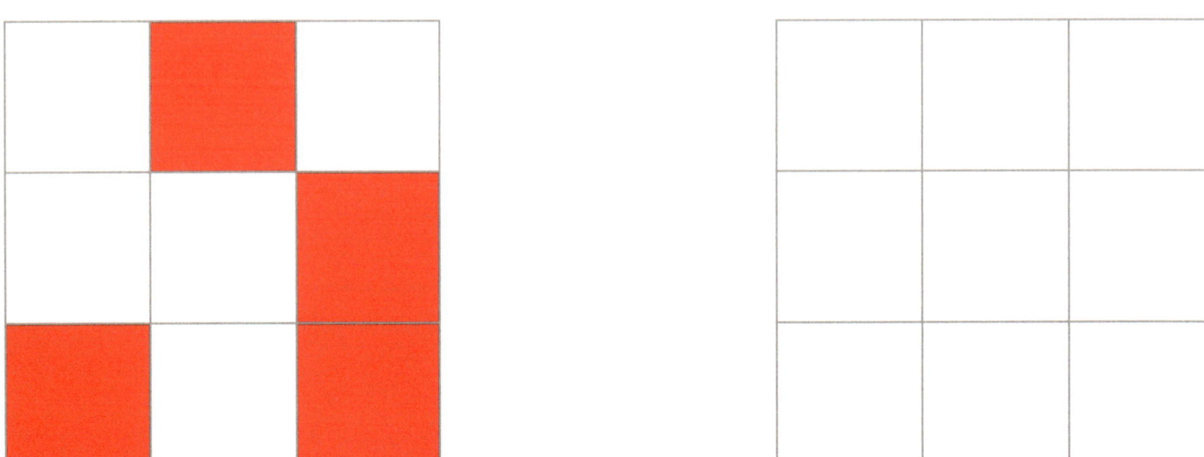

Muster jeweils von links nach rechts übertragen.

Wahrnehmung räumlicher Beziehungen

Figuren am Punktefeld nachzeichnen

1

2

3

4

Figuren freihand nachzeichnen.

1

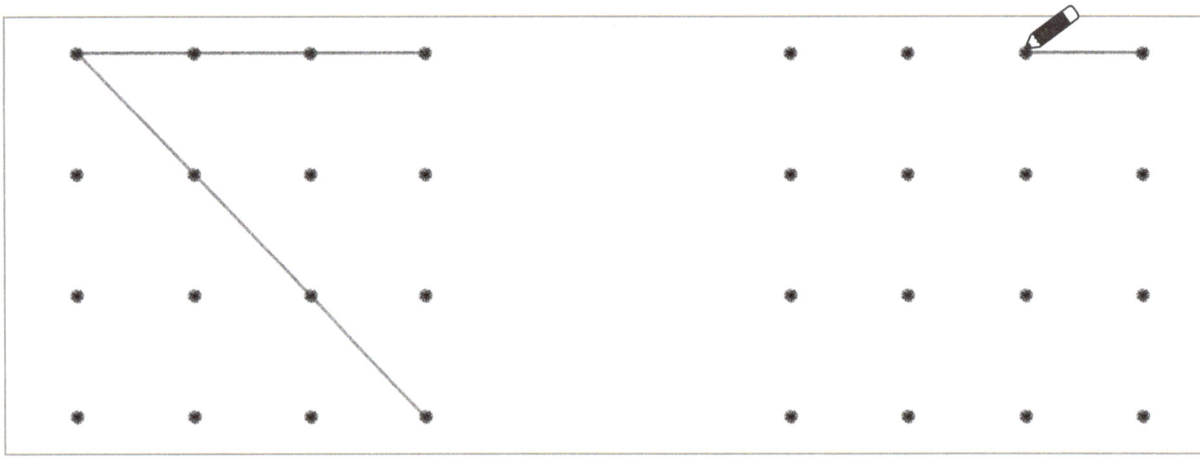

2

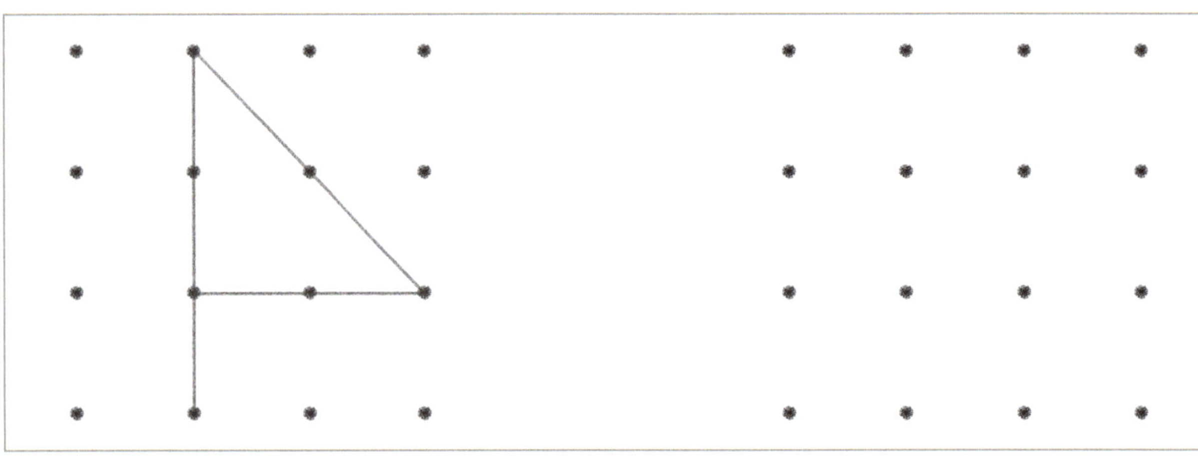

3

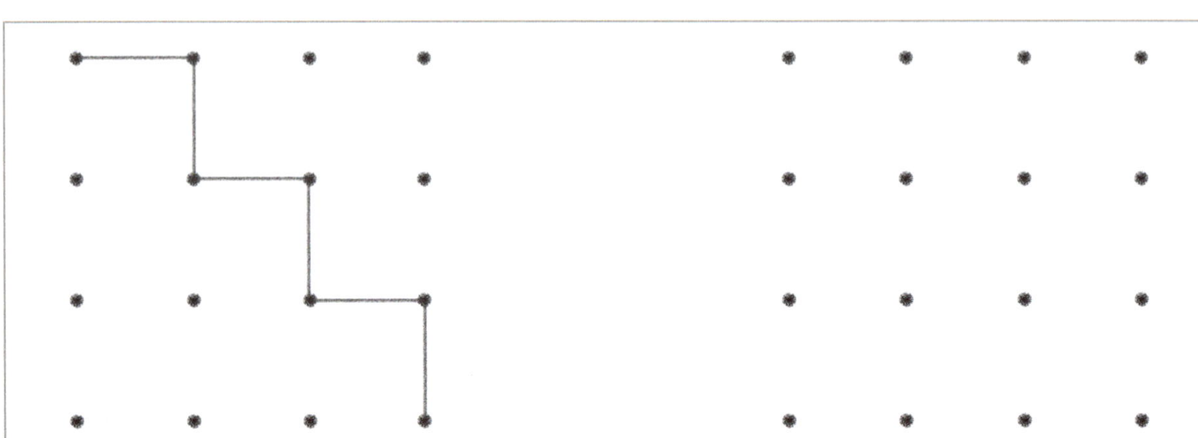

Figuren freihand nachzeichnen.

Welcher Ausschnitt fehlt? Kreuze an.

1

2

3

Wahrnehmung räumlicher Beziehungen

Fehlendes ankreuzen

Welcher Ausschnitt fehlt? Kreuze an.

1

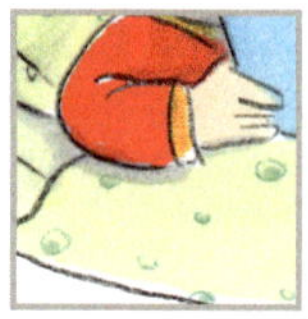

2

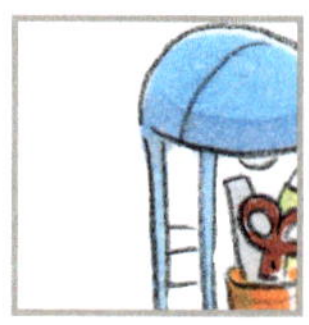

3

1

Erst den Weg mit dem Finger nachspuren, dann einzeichnen.
Darauf achten, dass kein Strich durch die Mauern führt.

1

Erst den Weg mit dem Finger nachspuren, dann einzeichnen.
Darauf achten, dass kein Strich durch die Mauern führt.

1

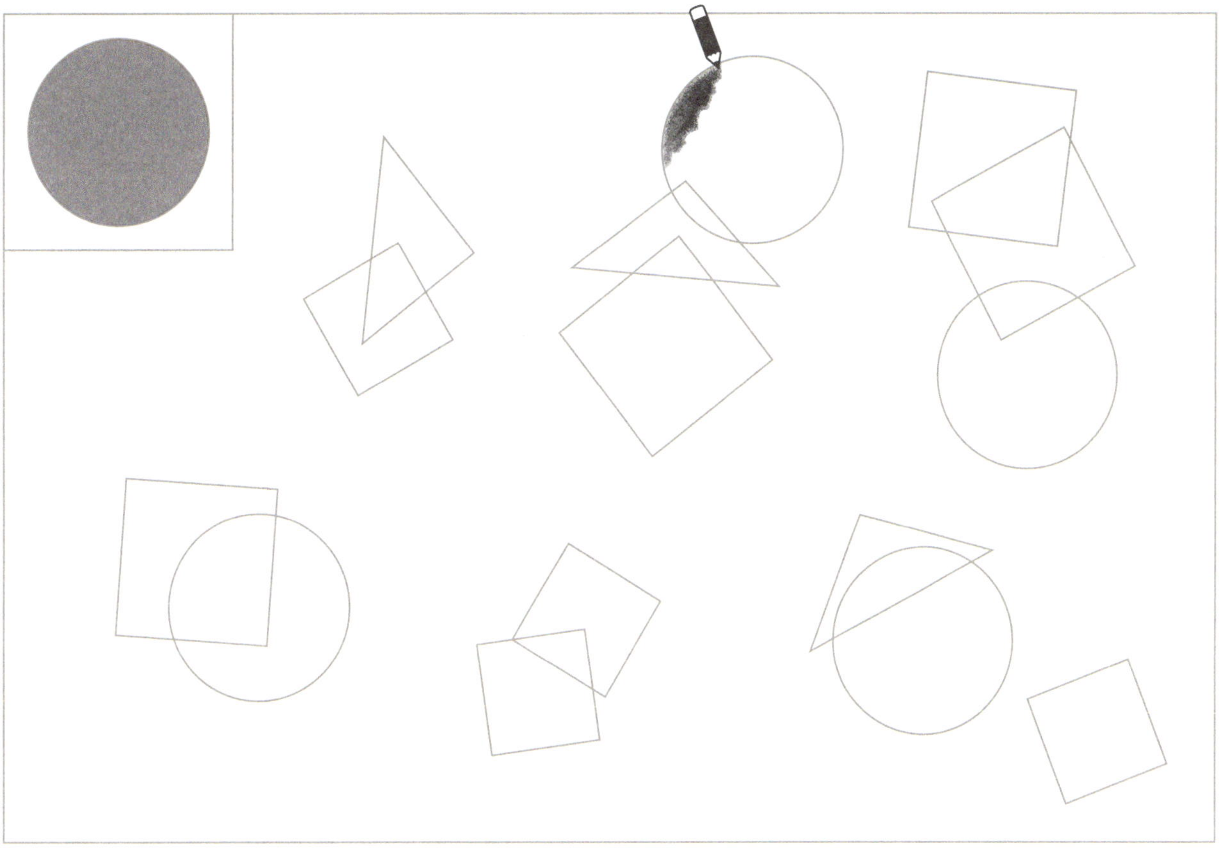

2

Kreise unter verschiedenen Formen finden und anmalen.

1

2

Quadrate unter verschiedenen Formen finden und anmalen.

1

2

Dreiecke unter verschiedenen Formen finden und anmalen.

Welche Tiere siehst du? Kreuze an.

1

2

3

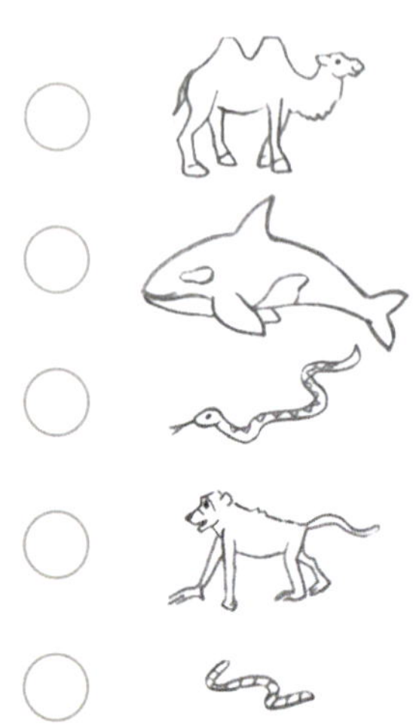

Tiere finden und ankreuzen. Ein Tier bleibt jeweils übrig.

1 Welche Kinder gehen nach **links**? Kreuze an.

1 Welche Fahrzeuge fahren nach **links**? Kreuze an.

QR-Code: Erklärvideo nutzen.
Nach links fahrende Fahrzeuge ankreuzen.

Orientierung: Links – Rechts

Rechts

1 Welche Kinder gehen nach **rechts**? Kreuze an.

QR-Code: Erklärvideo nutzen.
Nach rechts gehende Kinder ankreuzen.
Nachspielen. Evtl. Schreibhand thematisieren.

1 Welche Fahrzeuge fahren nach **rechts**? Kreuze an.

QR-Code: Erklärvideo nutzen.
Nach rechts fahrende Fahrzeuge ankreuzen.

Geometrische Formen
Kreis und Rechteck

1

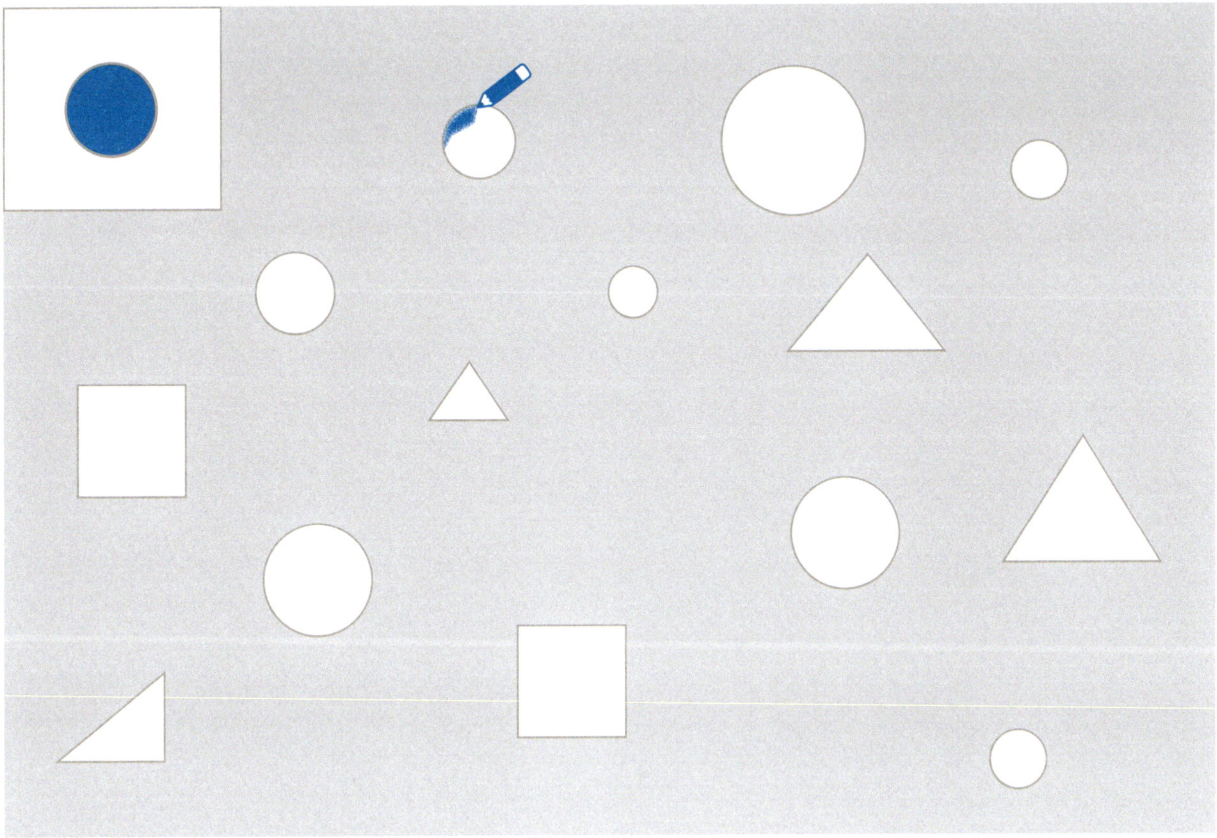

2

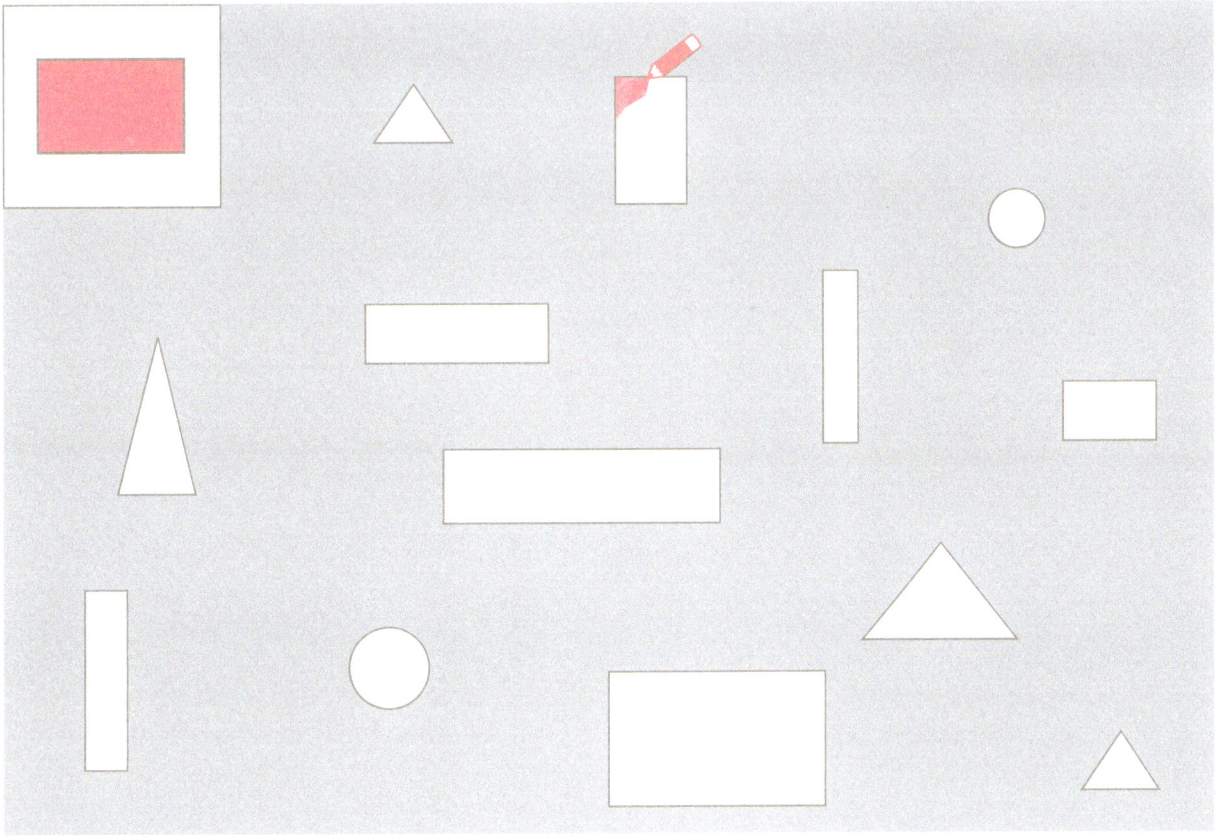

1 Alle Kreise anmalen. 2 Alle Rechtecke anmalen.
Eigenschaften der Formen besprechen.

1

2

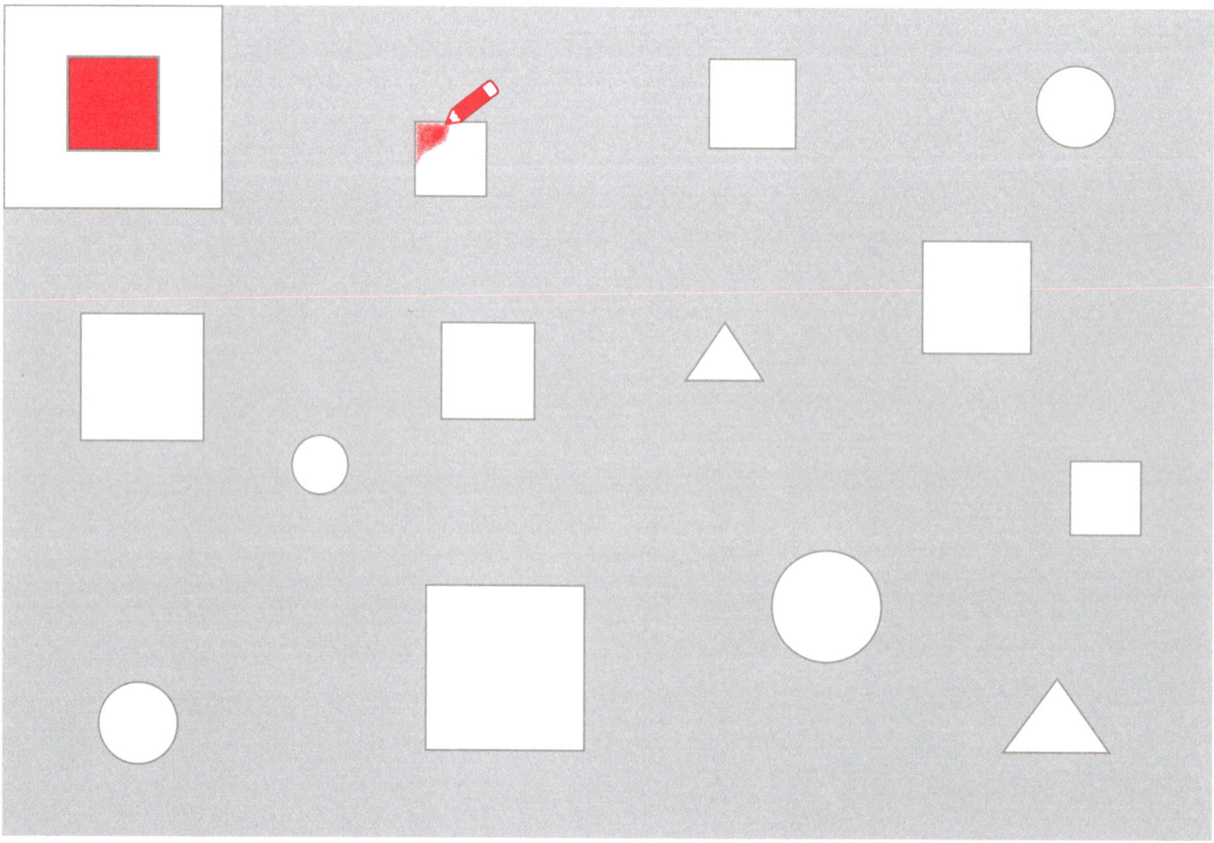

1 Alle Dreiecke anmalen. 2 Alle Quadrate anmalen.
Eigenschaften der Formen besprechen.

Geometrische Formen
Kreis, Dreieck, Quadrat, Rechteck

der Kreis | das Dreieck | das Quadrat | das Rechteck

1

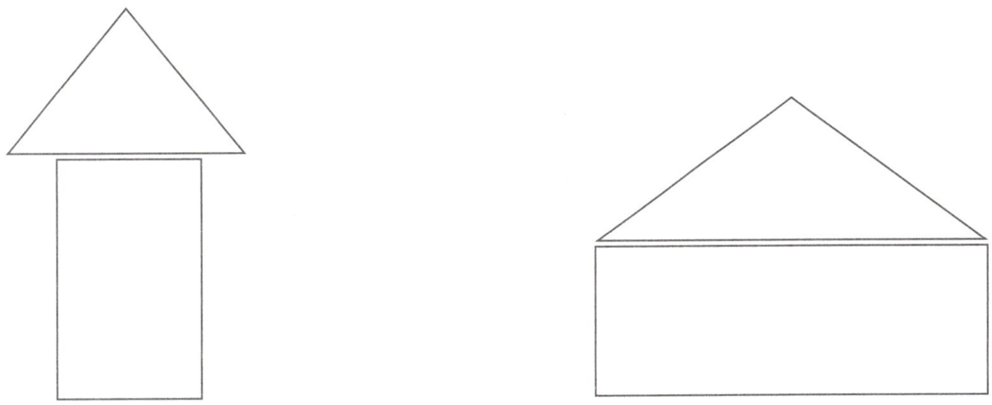

2

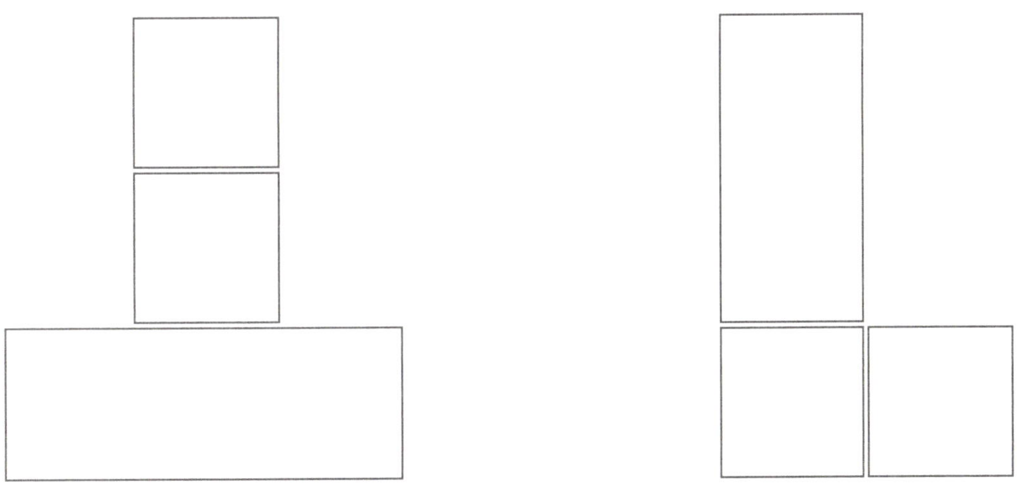

3

Formen benennen und anmalen.

Geometrische Formen

Kreis, Dreieck, Quadrat, Rechteck

der Kreis | das Dreieck | das Quadrat | das Rechteck

1

2

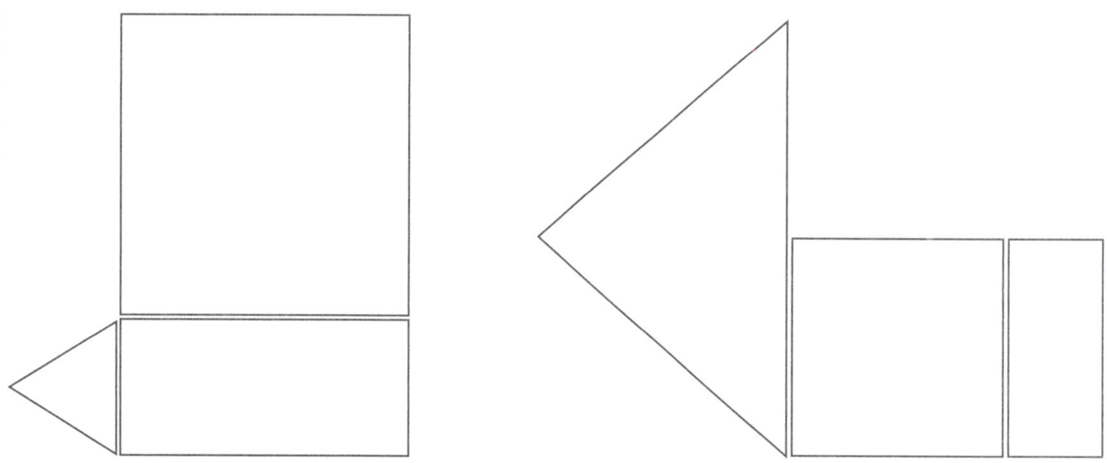

3

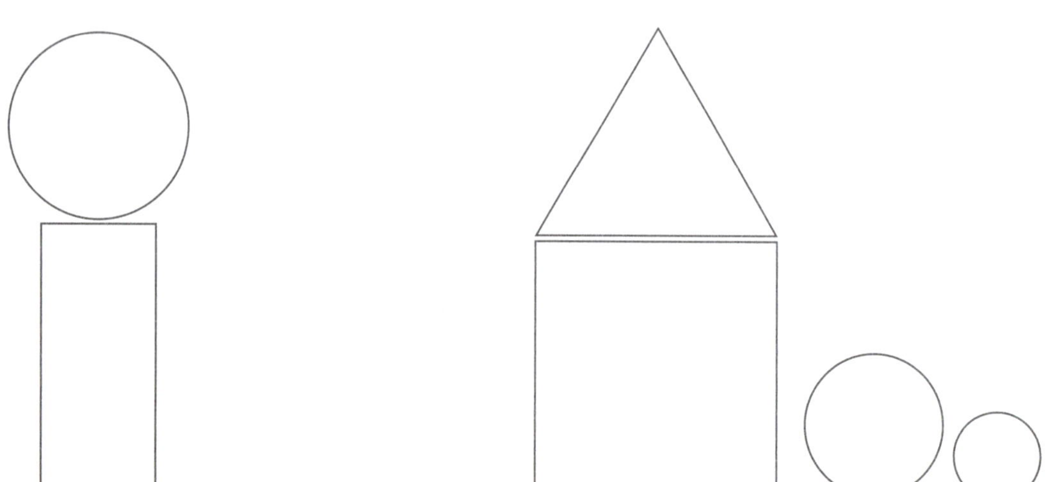

Formen benennen und anmalen.

Geometrische Formen

Falten, schneiden, Figuren nachlegen

1

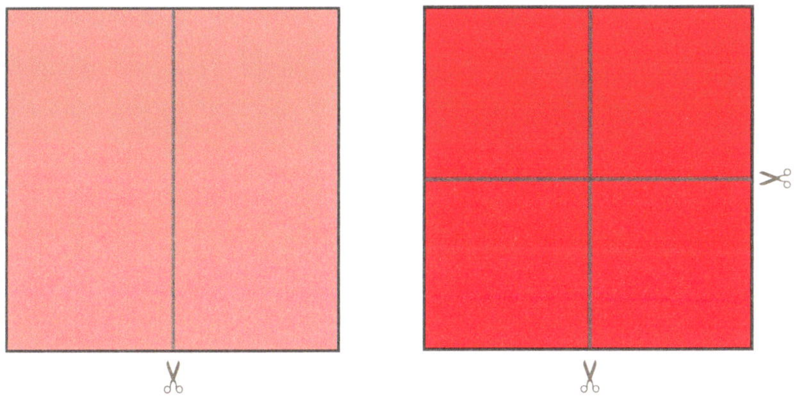

2 Lege die Figuren nach.

1 Exakt falten und zerschneiden.

1

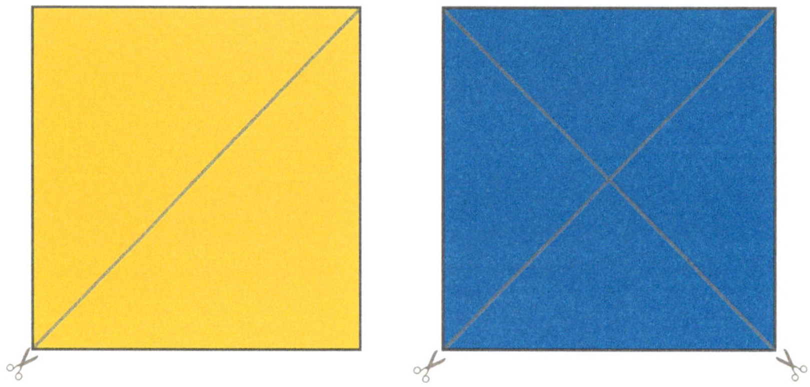

2 Lege die Figuren nach.

1 Exakt falten und zerschneiden.

Geometrische Formen

Falten, schneiden, Figuren nachlegen

1 Lege die Figuren nach.

1 Lege die Figuren nach.

Muster legen und fortsetzen
Steckwürfel

1

2
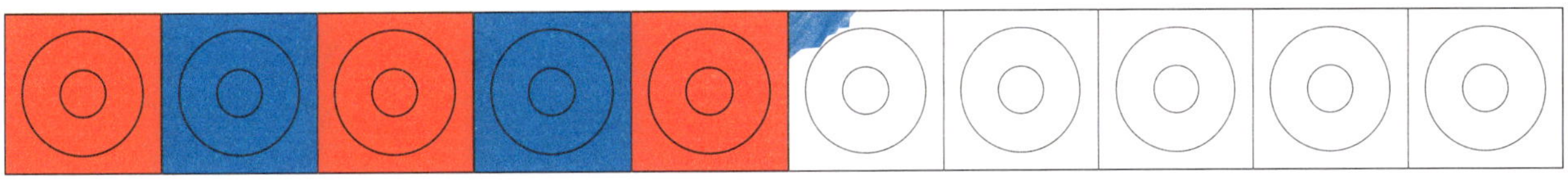

3
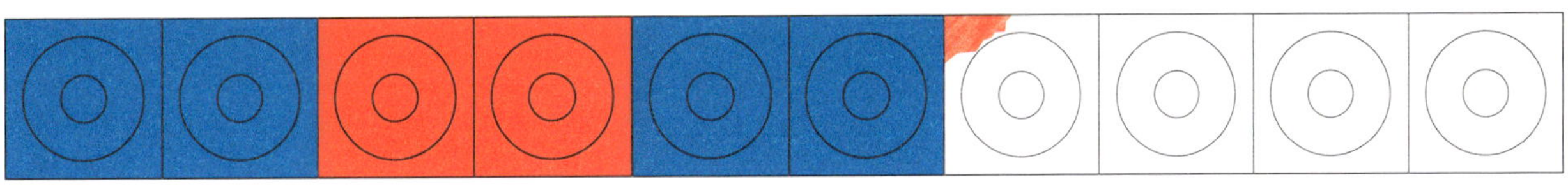

4
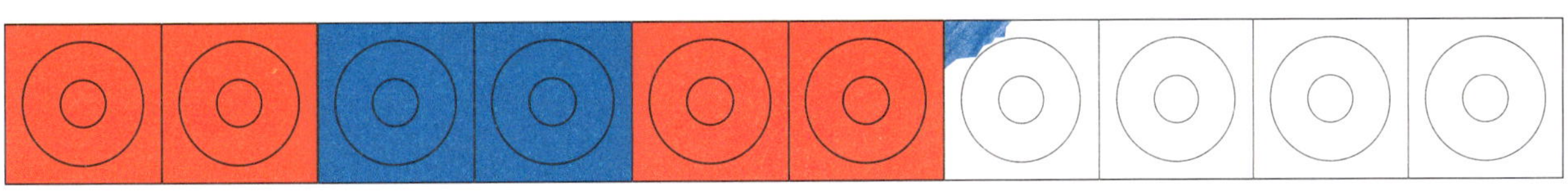

5
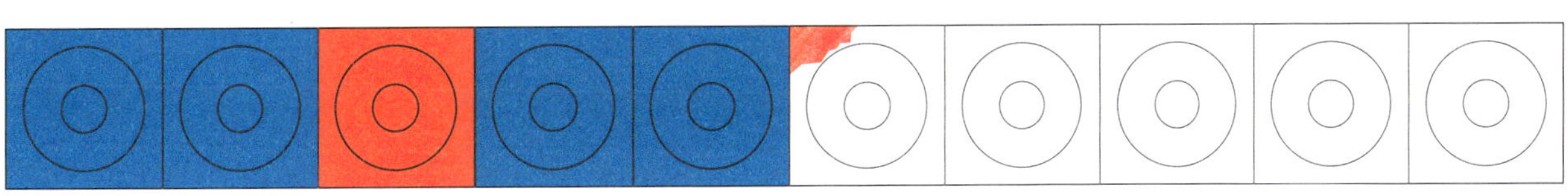

6
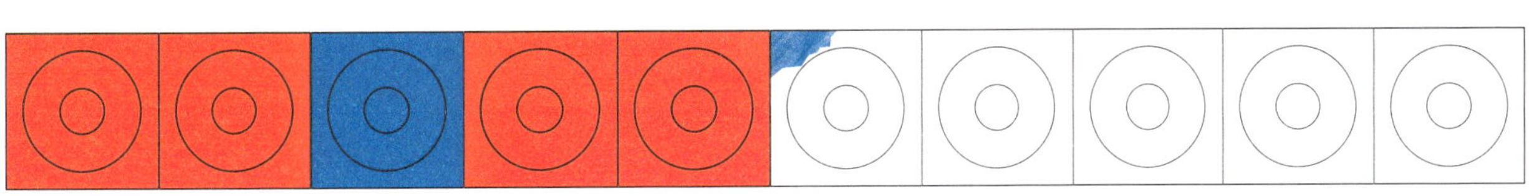

Mit Material nachlegen, fortsetzen und anmalen.

Muster fortsetzen
Farbfolgen

1
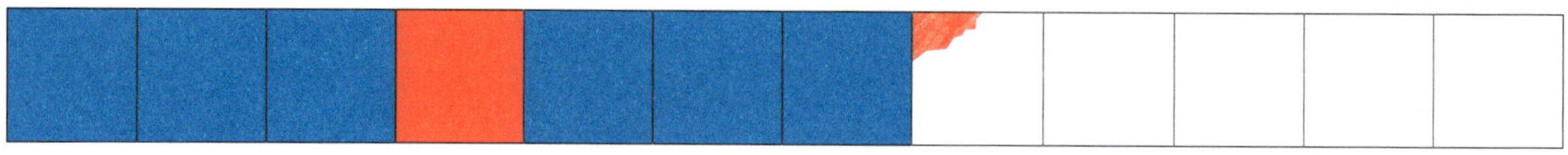

2
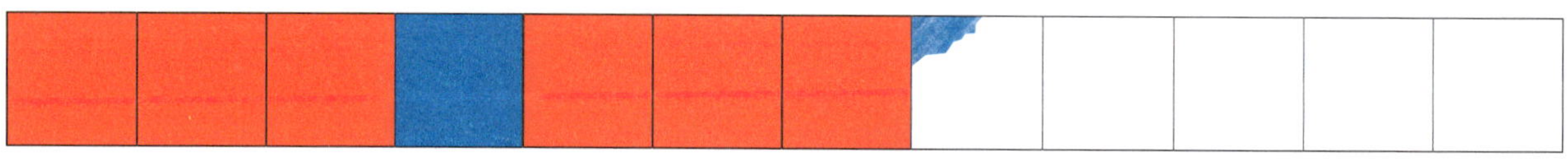

3
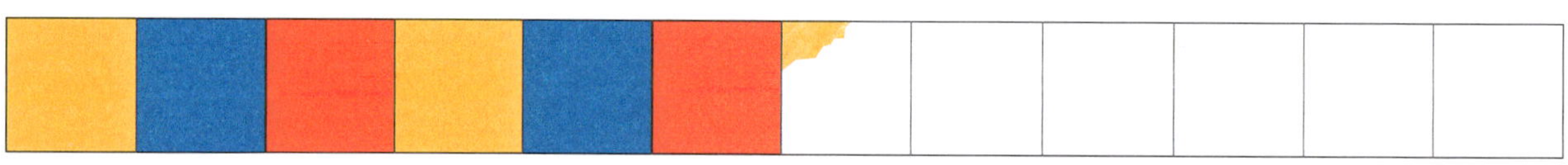

4
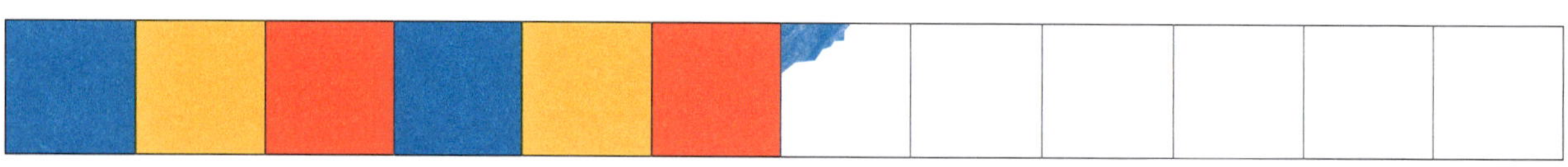

5
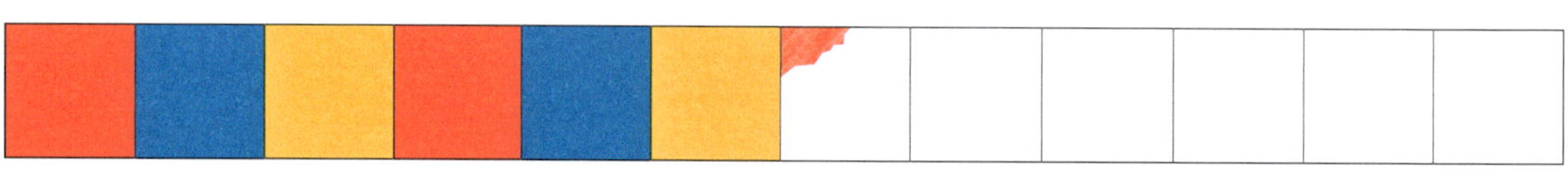

6
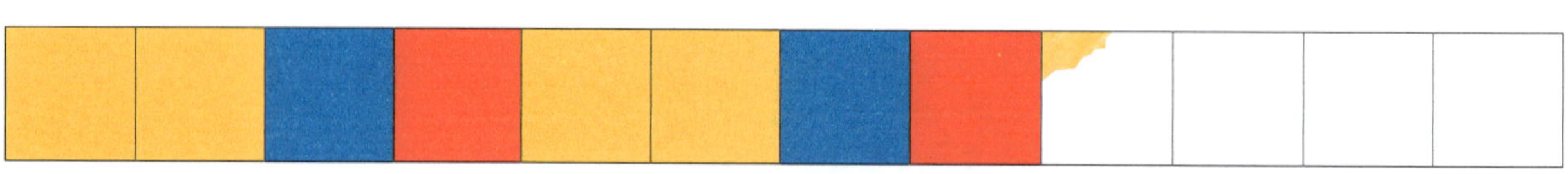

7
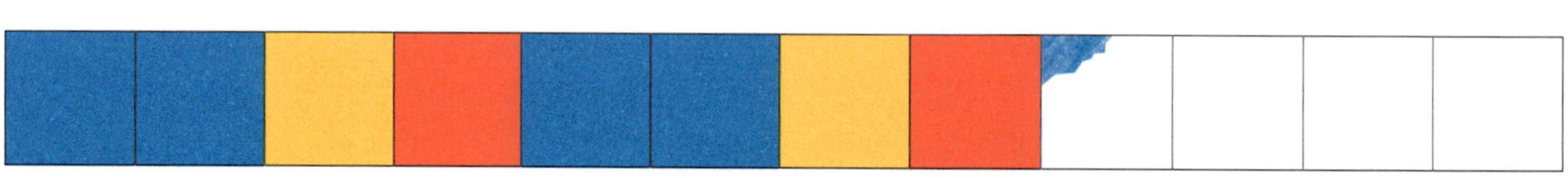

Farbfolgen besprechen und anmalen.
Evtl. mit Material legen.

1

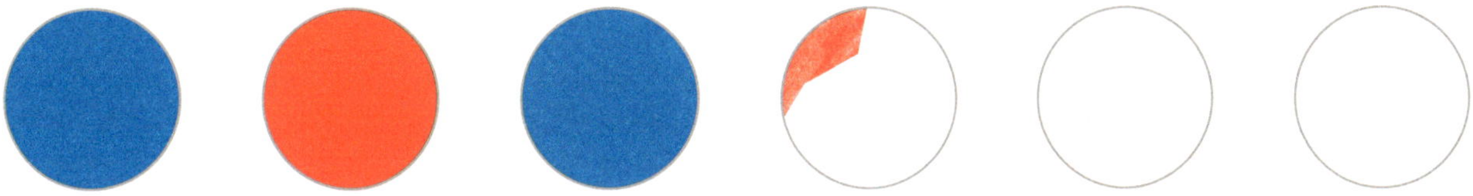

2

3

4

5

6

Evtl. mit Material nachlegen und fortsetzen.
Farbfolgen besprechen und anmalen.

1 Kreise das Grundmuster immer ein.

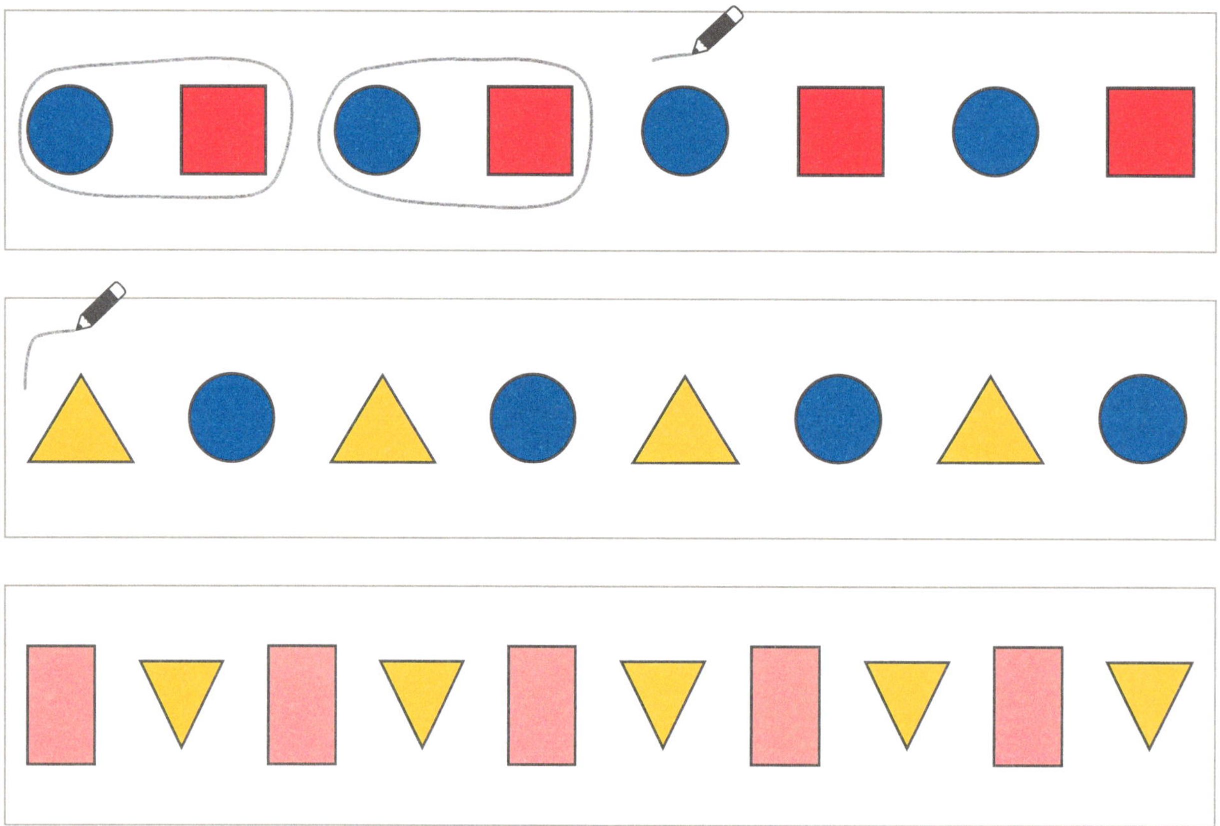

2

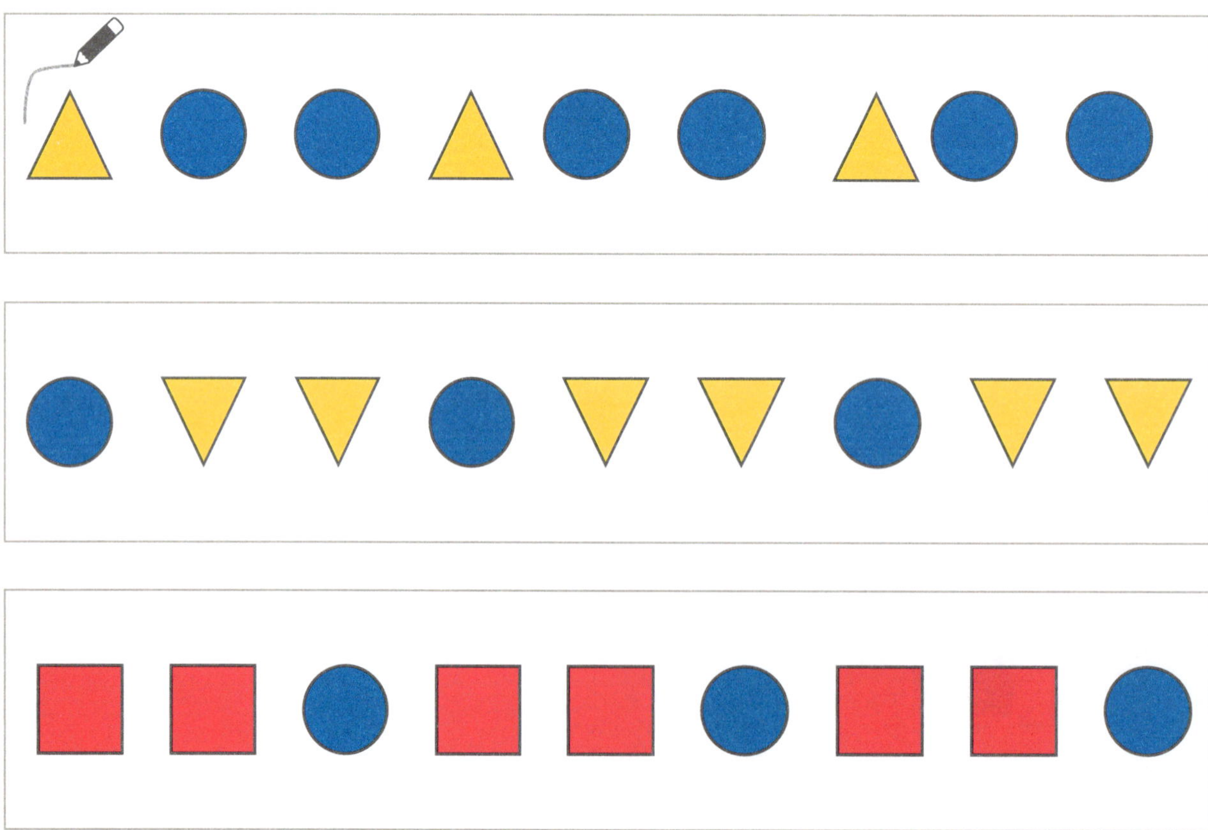

QR-Code: Erklärvideo nutzen.

1 Kreise das Grundmuster immer ein. Setze fort.

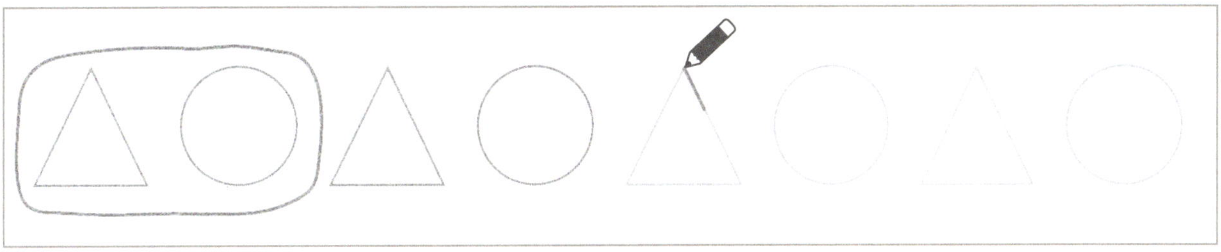

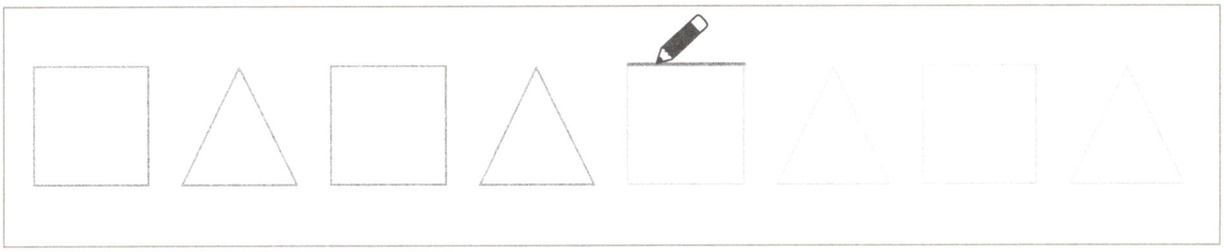

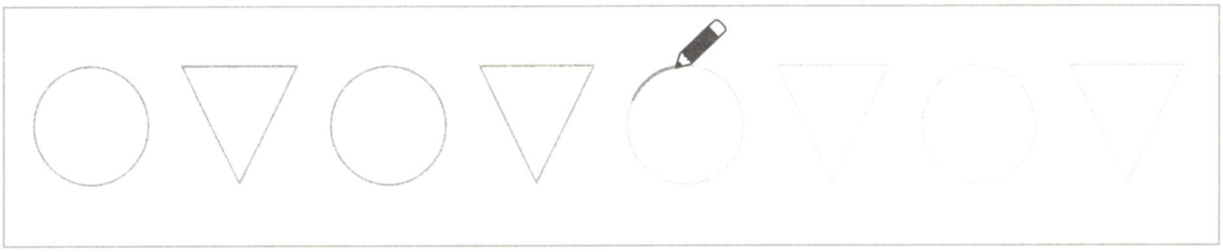

2

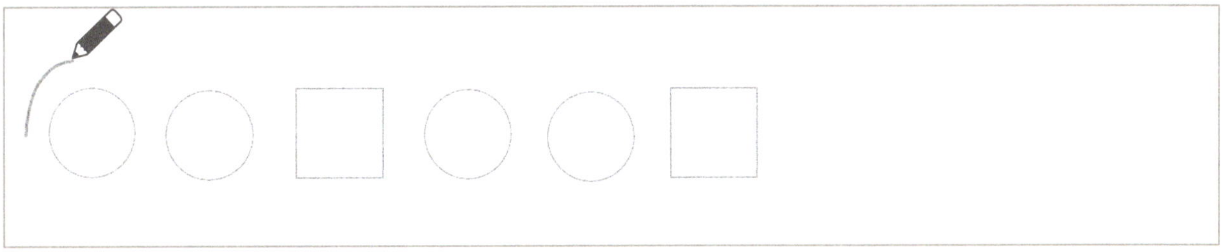

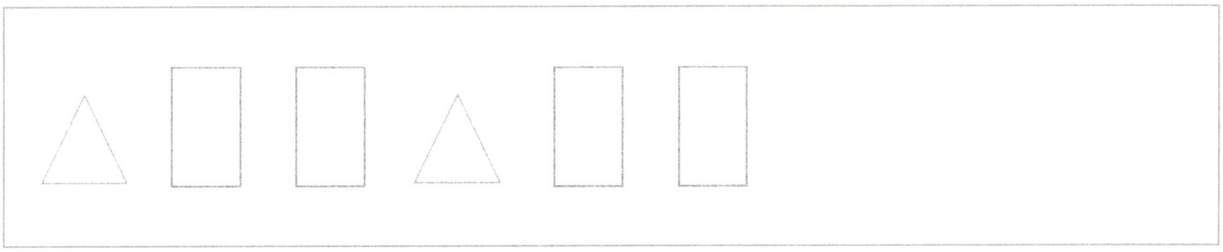

QR-Code: Erklärvideo nutzen.
Muster fortsetzen. Evtl. Formen anmalen.

Falten
Haus

1

①
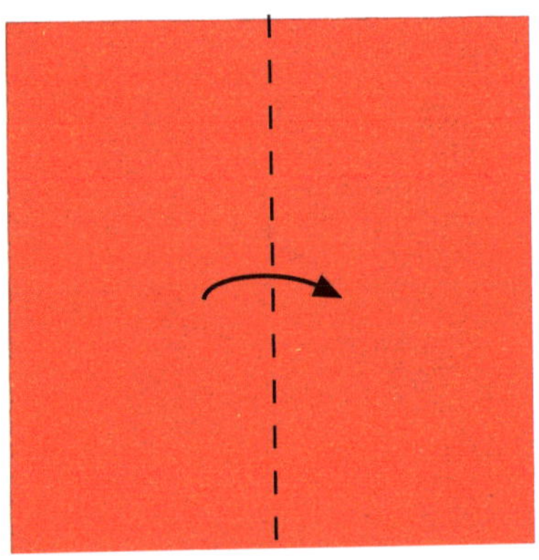

②
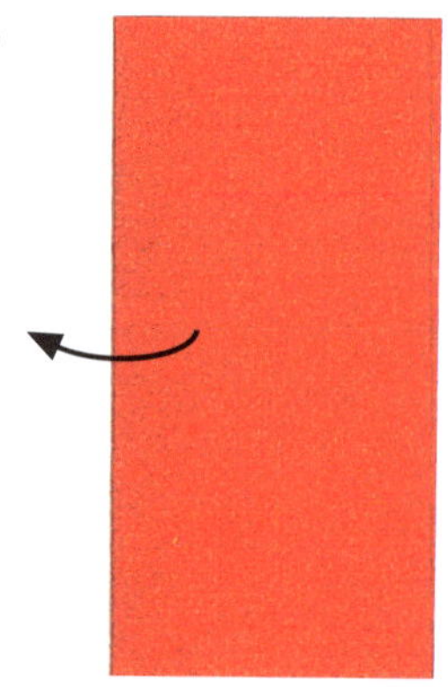

③
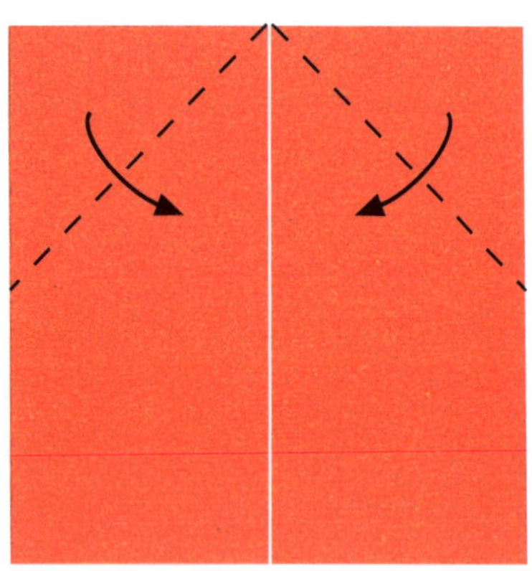

④
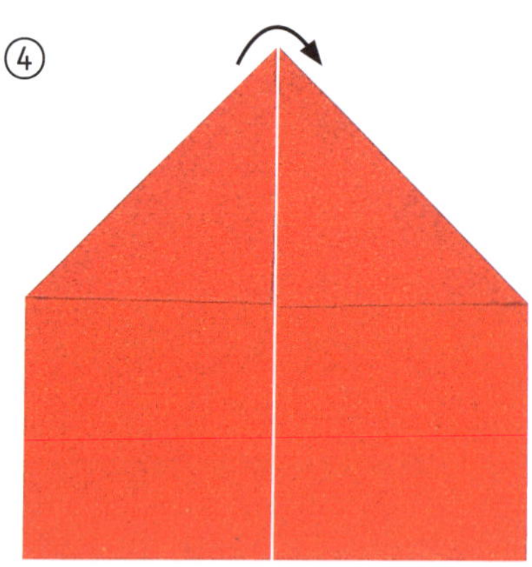

⑤
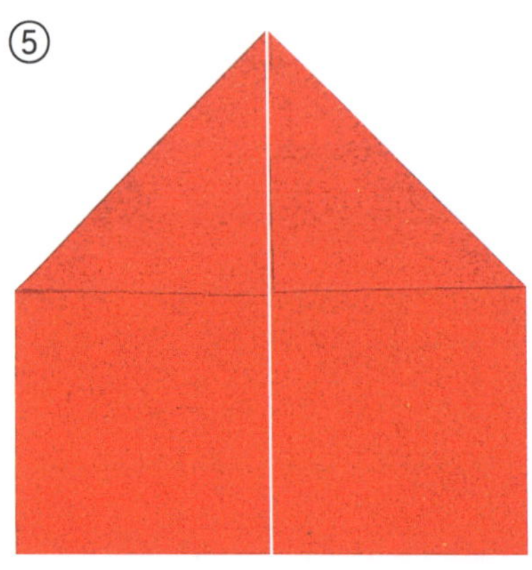

QR-Code: Erklärvideo nutzen.
Aus einem Quadrat ein Haus falten und gestalten.

1

①

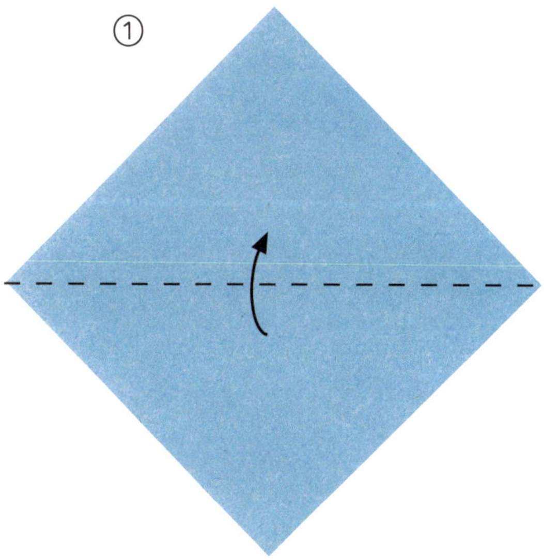

②

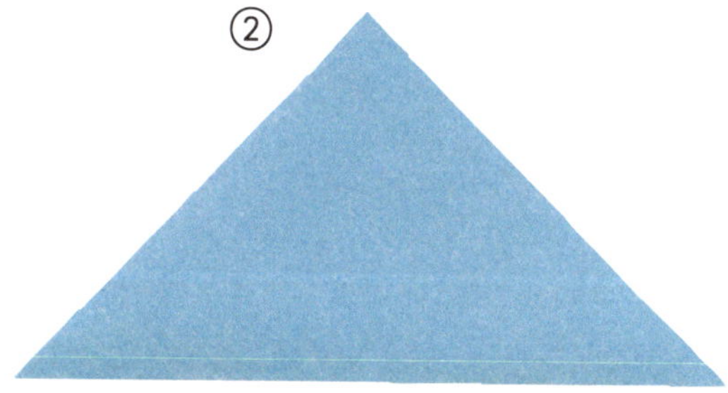

③

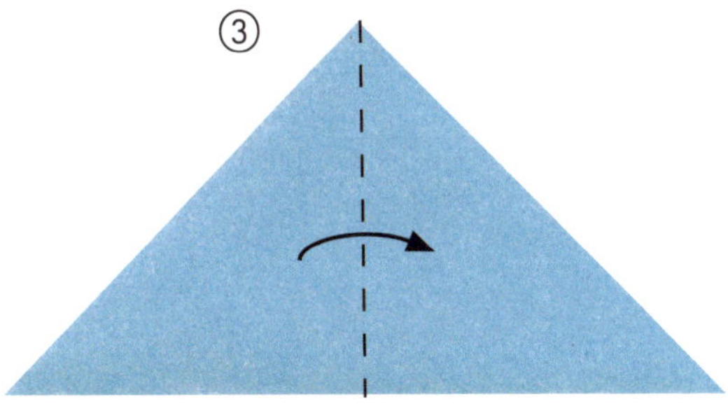

④

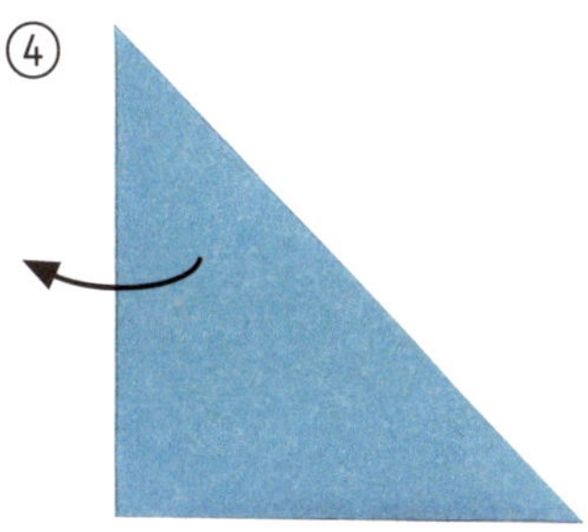

⑤

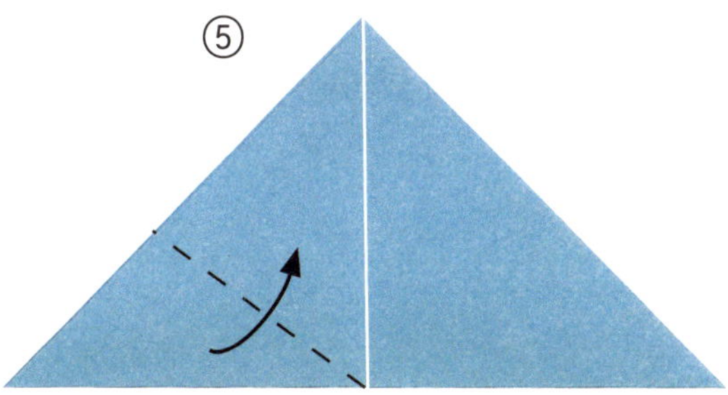

⑥

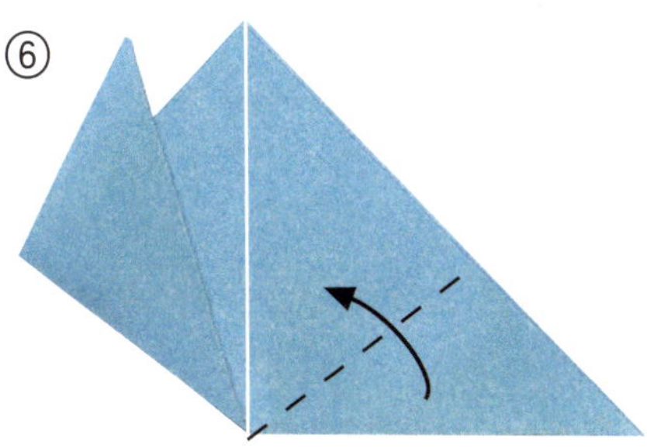

⑦

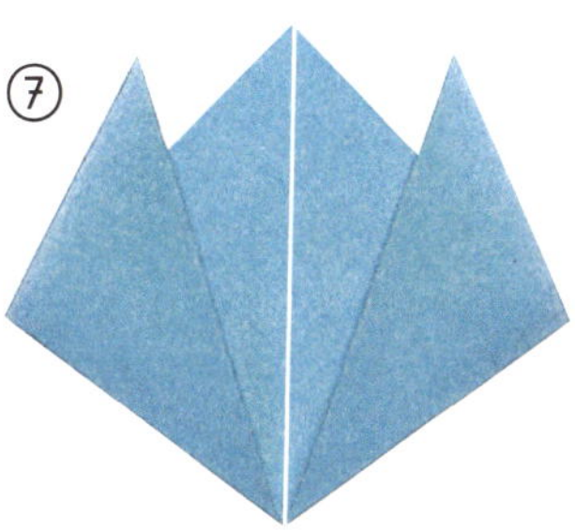

QR-Code: Erklärvideo nutzen.
Aus einem Quadrat eine Blume falten und gestalten.

1

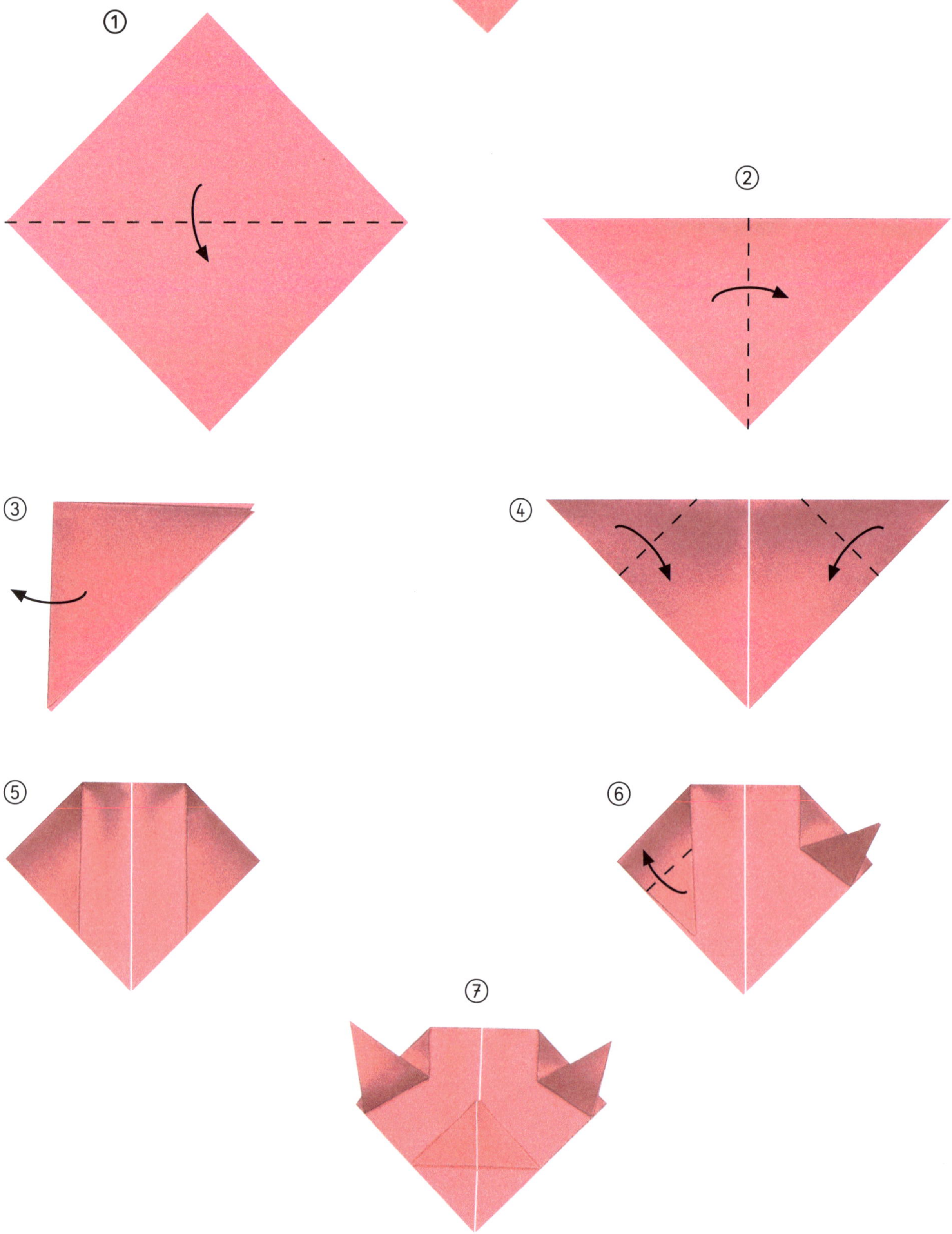

QR-Code: Erklärvideo nutzen.
Aus einem Quadrat ein Schwein falten und gestalten.

1

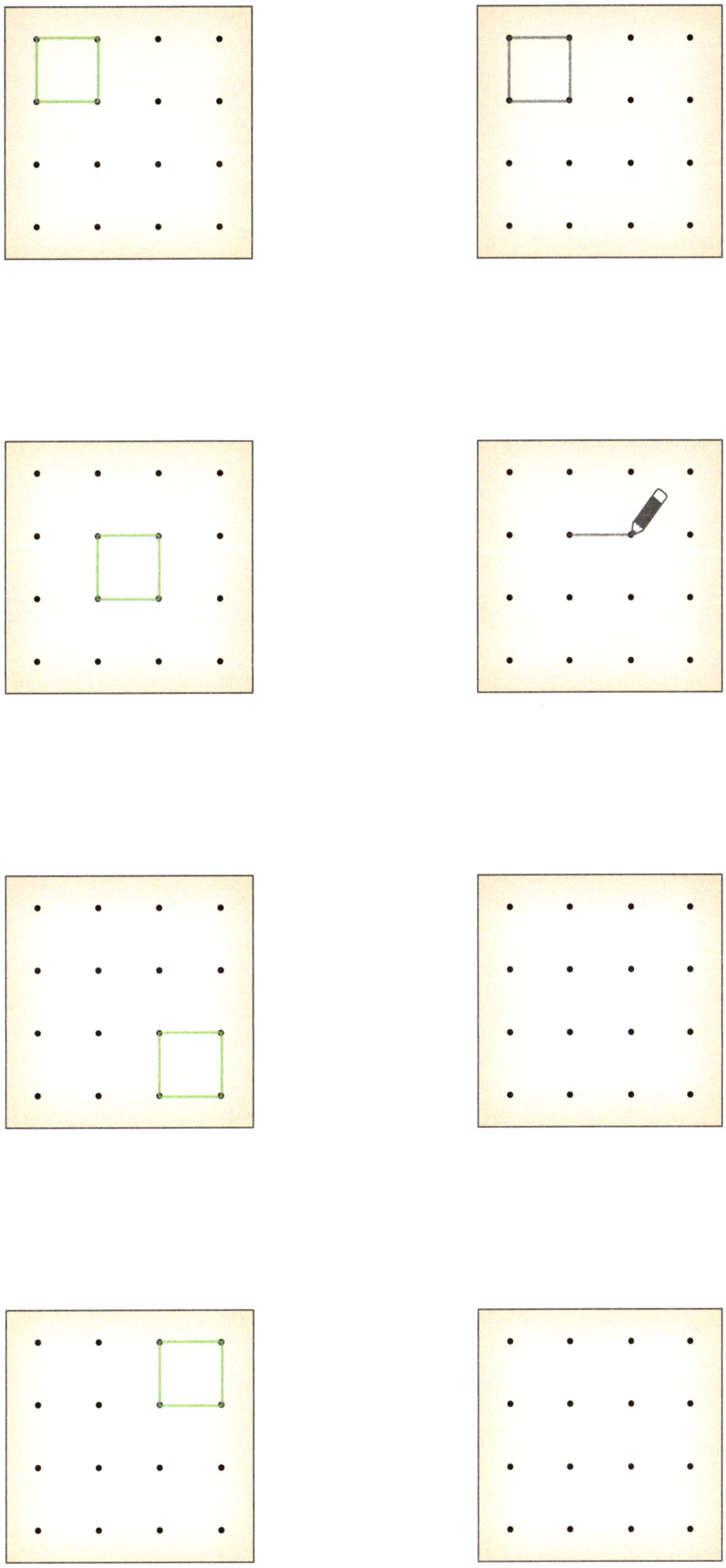

Figuren am Geobrett nachspannen und freihand nachzeichnen.

1

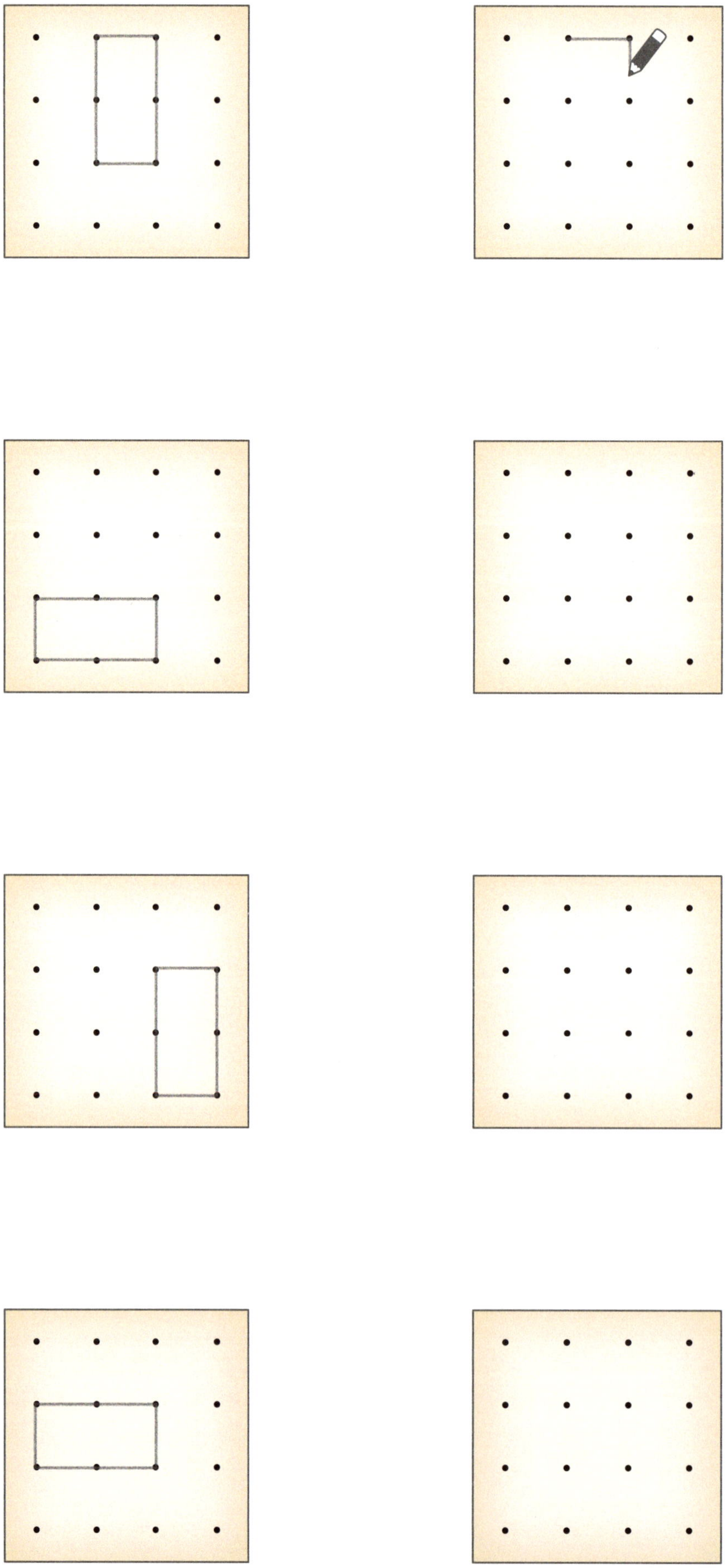

Figuren am Geobrett nachspannen und freihand nachzeichnen.

1

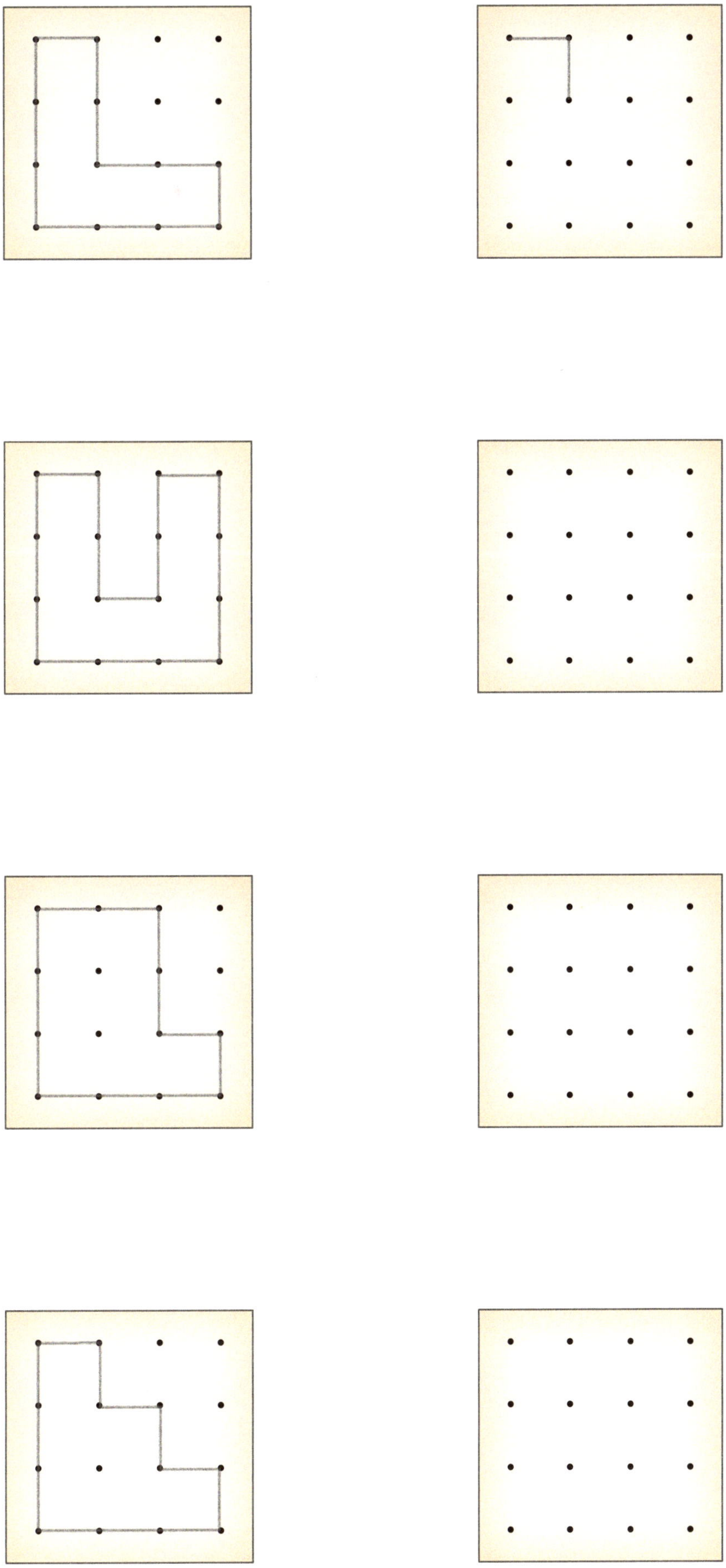

Figuren am Geobrett nachspannen und freihand nachzeichnen.

1 Zeichne verschiedene **Vierecke**.

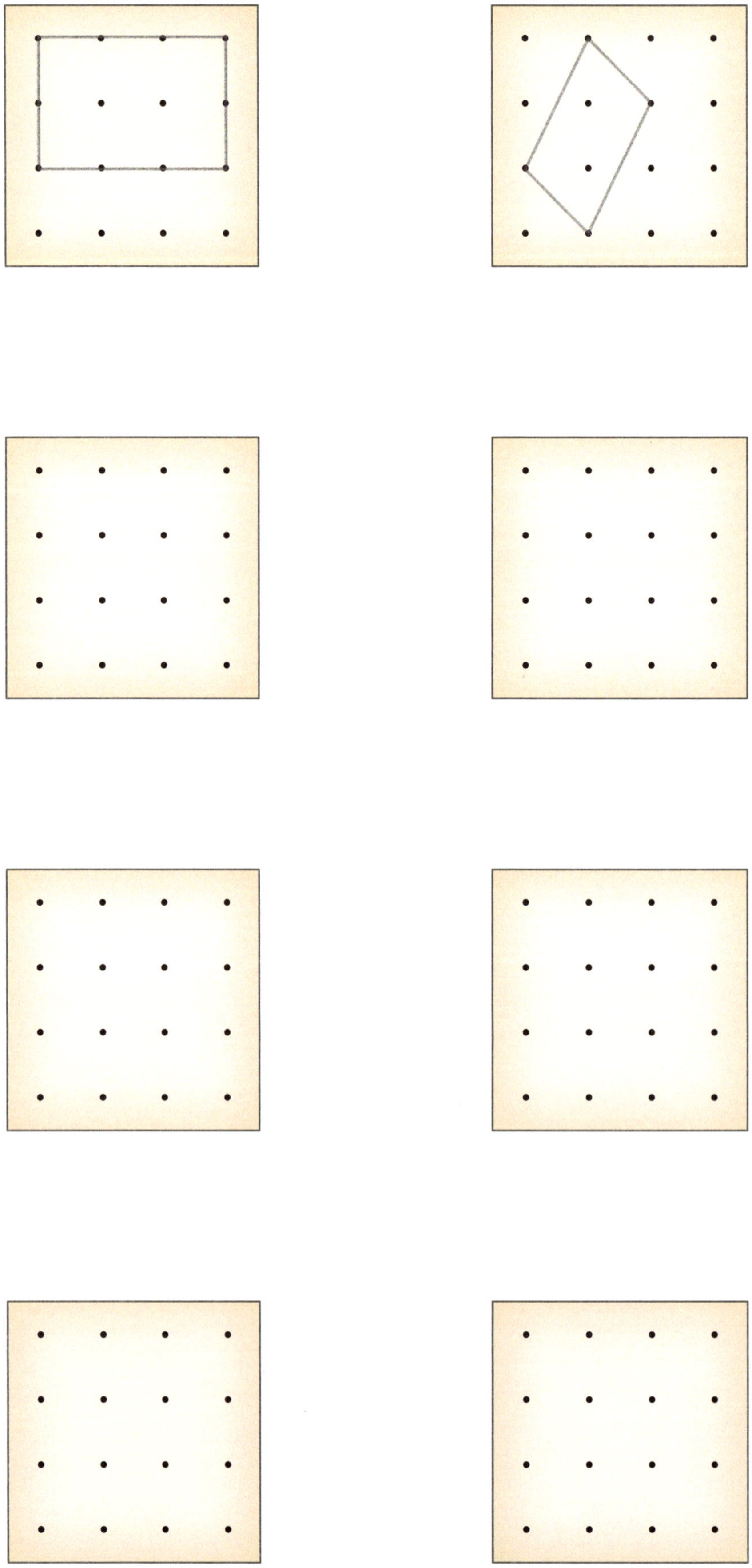

Figuren am Geobrett nachspannen und freihand nachzeichnen.

1 Zeichne verschiedene **Dreiecke**.

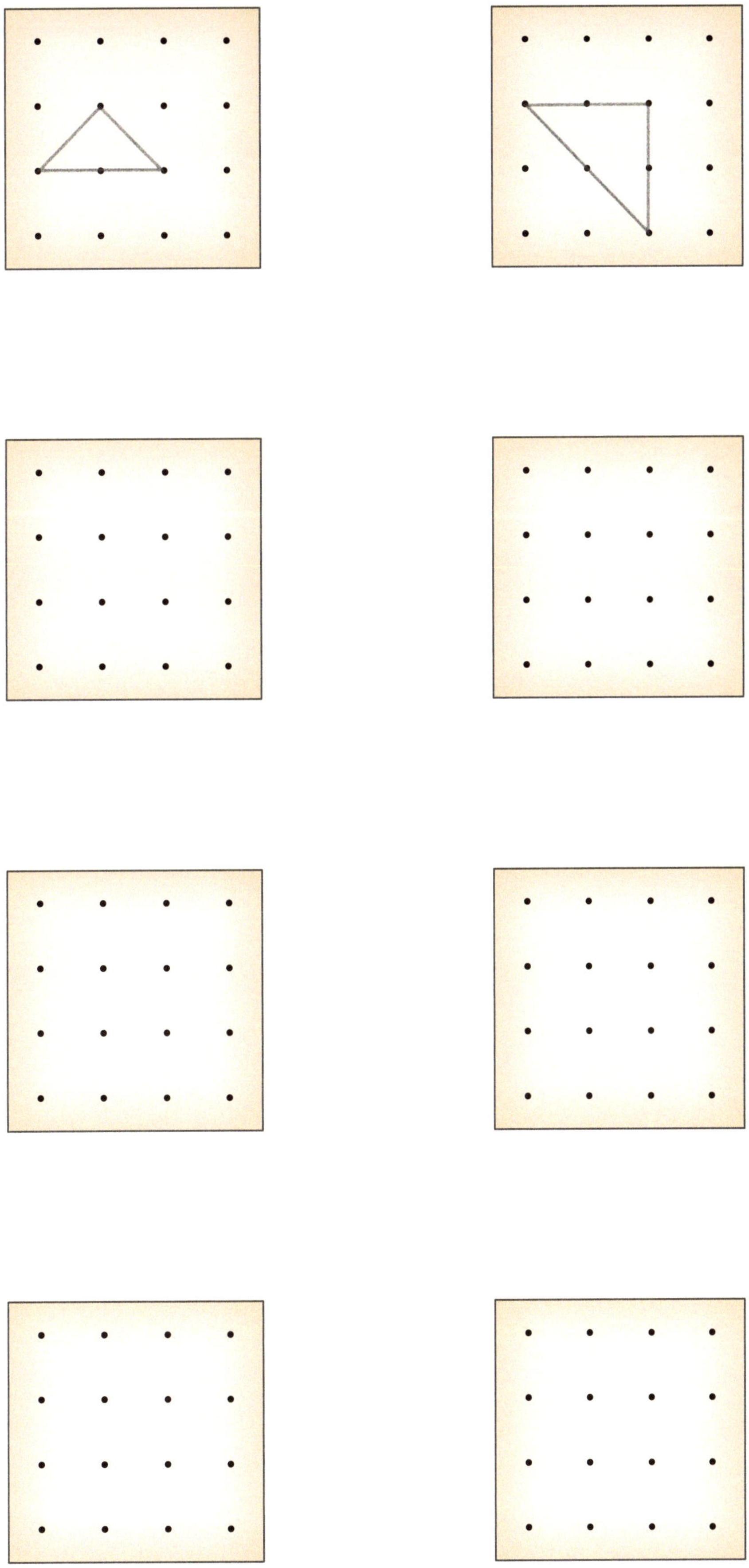

Figuren am Geobrett nachspannen und freihand nachzeichnen.

1

die Box

der Spielwürfel

der Würfel

der Fußball

das Buch

die Kugel

das Tablet

der Ball

der Quader

die Laterne

das Geschenk

Geometrische Körper
In der Umwelt

1

das Päckchen

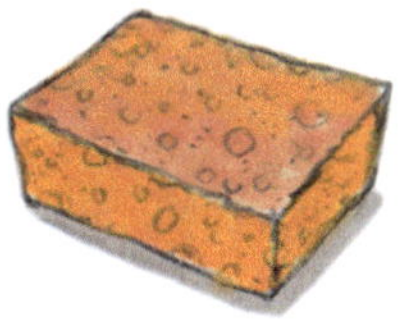
der Schwamm

die Perle

kippt

die Safttüte

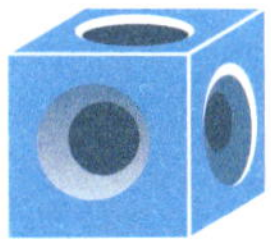
der Steckwürfel

rollt

der Ball

die Orange

die Murmel

Das kann ich schon

1 Kreise das Grundmuster immer ein.

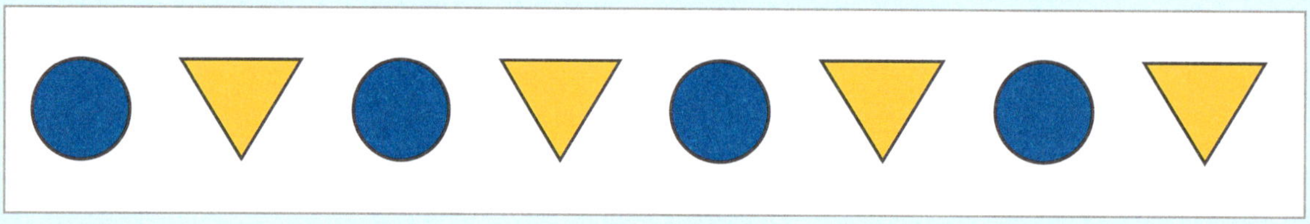

2 Kreise das Grundmuster immer ein. Setze fort.

3 Zeichne verschiedene **Vierecke**.

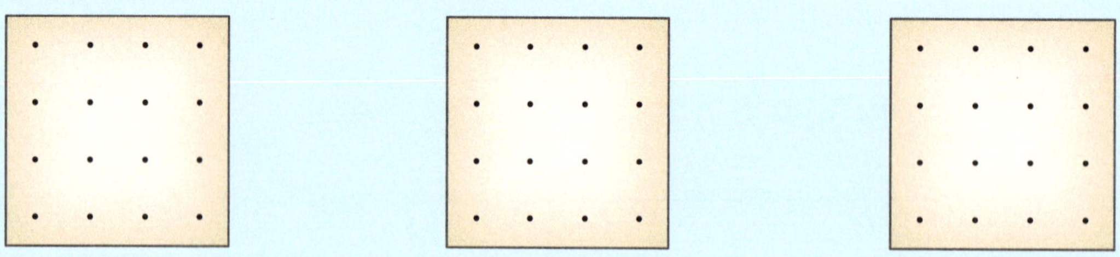

4 Zeichne verschiedene **Dreiecke**.

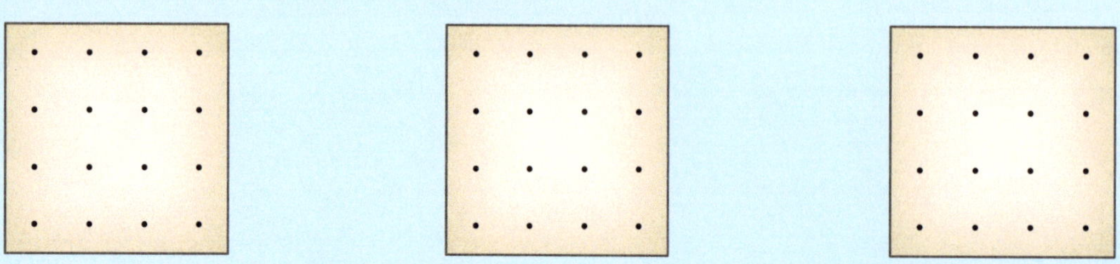

Zuerst Aufgaben lösen, dann selbst einschätzen.